Sofortwissen kompakt

Business-Knigge

heragon

Empfang von Gästen

Je herzlicher der Empfang eines Gastes, desto besser verläuft in der Regel das anschließende Gespräch.

Wie sorgen Sie für eine entspannte Gesprächsatmosphäre?

Empfang von Gästen

Der Stil, mit dem Sie Gäste empfangen, ist ein Aushängeschild des Unternehmens in dem Sie arbeiten und das Sie vertreten. In manchen Unternehmen wird der Gast bereits im Eingangsbereich begrüßt – eine schöne Geste, die man nicht so schnell vergisst.

Beachten Sie beim Empfang von Geschäftskontakten folgende Punkte:

- Gehen Sie Ihrem Besucher entgegen.
- Begrüßen Sie Ihren Besuch.
- Begrüßen Sie mit Handschlag (den Ranghöchsten zuerst).
- Nehmen Sie Ihrem Besuch den Mantel ab.
- Bieten Sie einen Platz an.
- Bieten Sie etwas zu trinken an.

Wichtig: Erkundigen Sie sich zu Beginn nach dem Wohlergehen Ihres Geschäftspartners.

Blickkontakt halten

Schauen oder Starren – die Antwort darauf scheint einfach zu sein. Dennoch kann man einiges falsch machen.

Wie hält man Blickkontakt, ohne aufdringlich zu wirken?

Blickkontakt halten

Halten Sie während des Gesprächs Blickkontakt. Es geht nicht darum, dem anderen jeden Wunsch von den Lippen abzulesen. Vielmehr sollen Sie Ihr Interesse am Gespräch zum Ausdruck bringen.

Es wirkt unhöflich, jemanden beim Sprechen nicht direkt anzusehen. Ein Blick über Ihren Gesprächspartner hinweg kann als Arroganz ausgelegt werden, ein Blick auf den Boden als Schwäche. Manche Menschen wiederum mögen es nicht, permanent angeschaut zu werden. Wählen Sie daher einen Mittelweg: Lassen Sie den Blick über das Gesicht Ihres Gegenübers schweifen und vermeiden Sie es, ihn ständig anzuschauen.

Gewählt ausdrücken

Begriffe, die beim Stammtisch niemanden aufregen, können im Geschäftsleben für Missstimmung sorgen.

Worauf sollten Sie bei der Wortwahl im Berufsalltag achten?

Gewählt ausdrücken

Wann immer Sie mit Geschäftspartnern verkehren, sollten Sie auf Ihre Wortwahl achten. Am besten, Sie passen Ihre Sprache dem Sprachstil Ihrer Gesprächspartner an – eine Vorgehensweise, die in der Psychologie als Spiegelung bezeichnet wird. Eine flapsige Ausdrucksweise in einer konzentriert arbeitenden Gruppe oder einem Meeting mit ernstem Inhalt kostet Sie Souveränität. Ebenso wirkt eine zu aufgesetzte Sprache in lockerer Atmosphäre unpassend.

Kraftausdrücke, kryptische Abkürzungen und Generalisierungen wie „alle", „jeder" oder „nie" haben im Geschäftsleben nichts verloren.

Tipp: Machen Sie sich als Neuling mit den Sprachgewohnheiten in Ihrem Unternehmen vertraut.

Wozu Etikette?

Etikette sind Regeln, die allgemein bekannt sind und an die sich die meisten Menschen halten, um den Umgang mit anderen Menschen zu erleichtern. Wie immer gilt: Wer die Regeln kennt, kann sie auch charmant brechen.

Wozu Etikette?

Die einzige Regel, die immer gelten sollte, ist: Höflich ist immer das, was der andere so empfindet – also auch ein „Gesundheit" auf einen Nieser kann angebracht sein, wenn der Niesende dieses erwartet.

Und noch etwas: Was in einem Land als höflich oder unhöflich erachtet wird, lässt sich nicht immer auf andere Länder oder andere Regionen übertragen. Wer sich also in einem fremden Land nicht daneben benehmen will, sollte einen Kurs speziell für das entsprechende Land besuchen. Es sprengt den Rahmen, auf alle Regeln in allen Ländern dieser Welt einzugehen.

Im Taxi

Zusammen mit einem Geschäftspartner und einem Kollegen steigen Sie in ein Taxi. Eine einfache Sache.

Nur: Wer sitzt wo?

Im Taxi

Der Gast sitzt hinten rechts. Der Gastgeber oder der wichtigste Gesprächspartner sitzt links neben ihm. Ein weiterer Fahrgast sitzt dann vorne beim Fahrer und übernimmt das Bezahlen. Und sollte der Taxifahrer nicht selbst auf die Idee kommen, dann öffnen Sie Ihrem Gast die Wagentür und schließen diese für ihn. Verlangen Sie beim Bestellen des Taxis ausdrücklich einen Wagen und Fahrer der besten Kategorie. Vor allem Gäste aus Asien empfinden den Zustand mancher deutscher Taxis geradezu als Affront.

Unterwegs mit dem Auto

Die Wagentür öffnen, in den Sitz fallen lassen, Vollgas geben – so kann man Autofahren, aber bitte nur, sofern man alleine unterwegs ist.

Welches Verhalten ist angemessen, wenn Sie Mitfahrer haben?

Unterwegs mit dem Auto

Wenn Sie Fahrgäste haben, sind Sie für deren Sicherheit und Wohlbefinden verantwortlich. Bei geschäftlichen Autofahrten mit Beifahrern gibt es eine Rangfolge der Plätze: Die wichtigste Person erhält den Beifahrersitz, danach folgt der Platz hinten rechts. Öffnen Sie als Fahrer Ihren Beifahrern die Tür. Halten Sie sich strikt an die Verkehrsregeln. Auch wenn Sie in Eile oder verspätet sind, beachten Sie Geschwindigkeitsbeschränkungen. Richten Sie sich mit der Einstellung der Heizung, Lüftung und Musik nach den Wünschen Ihrer Beifahrer.

Lösungsangebote per Telefon

„Houston, wir haben ein Problem!". Wenn ein Gesteinsbrocken Ihre Rakete zertrümmert, Ihr Flugzeug Feuer fängt oder Ihr Schiff auf einen Eisberg aufläuft, dann dürfen Sie dies getrost ein Problem nennen. Sollte sich dagegen ein Mitarbeiter nicht an seinem Platz oder ein Vorgang nicht im vermuteten Ordner befinden, dann geht das Ihren Gesprächspartner nichts an. Denn es ist Ihre Aufgabe, Lösungen anzubieten und nicht Schwierigkeiten zu streuen.

Lösungsangebote per Telefon

Verwenden Sie am Telefon positive Formulierungen. Statt zu sagen „Frau Maier ist nicht an ihrem Platz", könnten Sie formulieren „Frau Maier ist ab 14 Uhr wieder erreichbar. Ich kann ihr ausrichten, dass Sie angerufen haben. Unter welcher Nummer kann Sie Frau Maier heute Nachmittag erreichen?". Viele negative Formulierungen, wie „Da muss ich erst nachsehen" oder „Das kann ich Ihnen nicht sagen" lassen sich positiv als Lösungsangebote formulieren. Gleiches gilt übrigens auch für Ansagetexte auf Anrufbeantwortern.

Schuhe

Ein wahres Klischee: Die meisten Frauen besitzen ein paar Dutzend Schuhe. Nicht nur, aber wohl auch, weil ihnen ihr Erscheinungsbild wichtig ist.

Bei Männern hingegen ist sowohl die Anzahl als auch der Zustand des Schuhwerks oft besorgniserregend. Und gerade bei Männern ist folgender Hinweis angebracht: „Wohlfühlschuhe" sind in Verbindung mit dem Tragen eines Anzugs absolut tabu.

Was sollte bei der Wahl der Schuhe noch berücksichtigt werden?

Schuhe

Es ist eine Selbstverständlichkeit, dass Schuhe sauber und makellos aussehen sollten. Machen Sie Ihre Schuhwahl abhängig vom Anlass. Treffen Sie sich mit Freunden? – Dann sind legere Schuhe in Ordnung. Sind Sie zu einem Geschäftsessen eingeladen? – Dann sind elegante Schuhe die erste Wahl.

Gürtel und Schuhe sollten die gleiche Farbe haben. Auch die Socken oder Strümpfe sollten zu den Schuhen passen und lang genug sein, um das Bein auch im Sitzen zu bedecken – bitte immer eine Farbnuance dunkler als der Anzug.

Achtung: Schiefe Absätze sind oft ein K.O.-Kriterium – da hilft auch der beste Anzug nichts!

Die Selbstvorstellung

In größeren Gruppen oder in der Eile des Alltags passiert es mitunter, dass Sie mit einer Person nicht bekannt gemacht werden. Also müssen Sie sich selbst vorstellen.

Nur: Worauf sollten Sie achtgeben?

Die Selbstvorstellung

Wenn Sie nicht vorgestellt werden, dann ergreifen Sie mit einem Lächeln die Initiative, z. B. so: „Wir haben uns noch nicht bekannt gemacht. Ich bin Peter Maier, Technischer Berater im Vertrieb". Mit einem Hinweis auf die Verbindung zu Anwesenden oder gemeinsamen Bekannten bringen Sie den Small-Talk in Gang und erleichtern zugleich die Erinnerung an Ihre Person. Falls Sie einen Doppelnamen führen, nennen Sie ihn so, wie Sie angesprochen werden möchten. Nennen Sie auch Ihren Vornamen. Titel oder akademische Grade bei der Selbstvorstellung zu nennen, ist nicht mehr üblich. Die Anrede anderer Menschen mit Titeln gehört allerdings zum guten Ton.

Benimmregeln beim Reisen

Sie kommen im Zug oder im Flugzeug an Ihren Platz. Der Sitz neben Ihnen ist bereits belegt.

Lassen Sie sich wortlos nieder oder grüßen Sie vielleicht doch?

Benimmregeln beim Reisen

Ganz einfach: Grüßen Sie mit dem üblichen Tagesgruß, selbst wenn diese freundliche Geste von vielen Zeitgenossen vernachlässigt wird. Und denken Sie daran: Wenn Sie sitzen und jemand hinzustößt, dann sollten Sie selbstverständlich Blickkontakt aufnehmen und den Gruß erwidern. Auch wenn Sie es wie ein Eindringen in Ihr „Revier" empfinden: Räumen Sie Laptoptasche, Zeitung, Handy und was Sie sonst noch dabeihaben, beiseite.

Vermeiden Sie auch für längere Zeit im Gang ein Gespräch zu führen. Denn dadurch zwingen Sie andere dazu, eng an Ihnen vorbeizugehen – manchen ist diese erzwungene Nähe unangenehm.

Klatsch und Tratsch

Gerade weil man mit Kollegen so viel Zeit verbringt, erleichtert der freundliche Umgang den Berufsalltag.

Nur: Wie vertraulich darf man im Gespräch werden?

Klatsch und Tratsch

Ein kleiner Plausch kann für das Betriebsklima förderlich sein. Doch passen Sie auf, dass Sie keine rufschädigenden Mitteilungen verbreiten. Früher oder später bahnen sich Ihre Worte den Weg zum Betreffenden oder sogar zum Vorgesetzten – mit negativen Folgen für Sie und das Arbeitsklima. Intimitäten gehören nicht an den Arbeitsplatz, schon gar nicht in die große Mittagsrunde. Hat sich ein Arbeitsverhältnis zu einer Freundschaft ausgeweitet, dann sollte man entsprechende Gespräche nach der Arbeit führen. Fragen nach Ehe- und Lebenspartnern sowie Kindern sind dagegen nicht nur erlaubt, sondern sogar erwünscht.

Computer und Internet

Schnell noch ein Geschenk zu Weihnachten im Internet bestellen. Doch plötzlich steht der Chef in der Tür.

Was sollten Sie beim Einsatz des Computers am Arbeitsplatz beherzigen?

Computer und Internet

Untersuchungen zufolge werden die meisten Internetgeschäfte an Dienstagen zwischen 15 und 17 Uhr getätigt. Es liegt auf der Hand, dass dies zu einem Großteil von Bürorechnern aus geschieht. Auch wenn dies im Einzelfall toleriert wird: Die Rechtsprechung dazu ist eindeutig. Verwenden Sie Ihren Rechner ausschließlich für Ihre Arbeitsaufgaben. Private Internet-Recherchen oder die Verwaltung persönlicher E-Mails können peinliche Einblicke in Ihr Privatleben zur Folge haben. Denken Sie daran!

Der gute Ton am Telefon

Gegen eine Tasse Kaffee am Schreibtisch ist nichts einzuwenden – solange sie nicht auf Tastaturen, Druckern oder Unterlagen „geparkt" wird.

Doch ist es angebracht, einen Schluck zu nehmen, wenn ein Telefongespräch länger dauert?

Der gute Ton am Telefon

Das Trinken am Telefon ist genauso störend wie das Essen, das Kaugummikauen und das Rauchen. Ebenfalls auf die Nerven gehen kann das vermeintlich kaum hörbare Tastaturgeräusch. Wenn Sie während des Gesprächs am Rechner arbeiten wollen oder müssen, z. B. um Notizen zu machen, so teilen Sie dies Ihrem Gesprächspartner mit.

Halten Sie bei Nachfragen an Kollegen niemals den Hörer mit der Hand zu, da das Rascheln sehr unangenehm ist. Stellen Sie stattdessen Ihr Telefon lieber auf „stumm". Und: Schauen Sie auf die Anzeige! Stellen Sie sicher, dass am anderen Ende nicht mehr mitgehört wird, falls Sie das nicht wollen.

Kritik und Feedback

Fehler passieren überall – das lässt sich gar nicht vermeiden.

Nur heißt es dann: Augen zu und durch oder die Kritik aus dem Bauch heraus äußern?

Kritik und Feedback

Konstruktive Kritik ist ein wichtiger Bestandteil jeder Unternehmenskultur, zu der übrigens alle beitragen. Sprechen Sie an, was Ihnen auffällt oder was Sie stört. Wichtig: Äußern Sie Kritik immer konstruktiv und wenn irgend möglich unter vier Augen. Denn Kollegen oder Mitarbeiter sollten Sie nicht vor anderen bloßstellen. Bleiben Sie beim Kritisieren möglichst sachlich, indem Sie konkrete Lösungsvorschläge äußern. Auf jeden Fall sollten Sie Pauschalangriffe vermeiden. Bleiben Sie bei Ich-Botschaften und vermeiden Sie Du-Botschaften.

Übrigens: Zu einer guten Unternehmenskultur gehört auch das positive Feedback. Vergessen Sie nicht: Lob spornt an!

Verhalten auf Betriebsfeiern

Als Partylöwe bei der Polonaise in der Pole-Position durch die Poststelle? Tun Sie es nicht! Denken Sie daran, dass eine Betriebsfeier im betrieblichen Umfeld stattfindet.

Was sollten Sie noch beachten?

Verhalten auf Betriebsfeiern

Sprechen Sie auf Betriebsfeiern ruhig Kollegen an, mit denen Sie im Alltag weniger zu tun haben. Warten Sie bei einem Buffet darauf, dass es offiziell eröffnet wird. Drängeln Sie sich bitte nicht vor. Auch wenn der Vordermann noch so langsam ist, bleiben Sie geduldig dahinter stehen. Während es bei einem Essen à la carte in Ordnung ist, seinen Teller nicht leer zu essen, gilt am Buffet: nur so viel und nur Dinge, die Sie auch mögen und Mengen, die Sie bewältigen können. Sofern Personal und ausreichend Geschirr vorhanden ist, können Sie für jeden Gang einen neuen Teller benutzen. Eine gute Zeit, sich zu verabschieden, ist ungefähr eine halbe Stunde nach dem letzten Gang, Programmpunkt oder dem Kaffee.

Achtung: Seien Sie nicht einer der Letzten, der die Betriebsfeier verlässt.

Anklopfen

Um das tägliche Miteinander zu erleichtern, ist die Einhaltung der gängigen Höflichkeitsriten absolute Pflicht.

Was muss man beim Anklopfen beachten?

Anklopfen

In modernen Unternehmen gilt der Grundsatz der offenen Türen: Bereitschaft zum Gespräch und Zusammenarbeit ohne Schwellenängste und Hürden. Klopfen Sie an, bevor Sie einen Raum betreten. Das gilt auch dann, wenn die Tür geöffnet ist. Bei geschlossener Tür gilt: Klopfen Sie zuerst an und treten Sie nach einer Sekunde ein. Auf ein lautes „Herein" brauchen Sie nicht mehr zu warten. Doch Achtung: Wenn der Gesprächspartner im Telefonat oder Gespräch ist, dann entschuldigen Sie sich und ziehen sich zurück. Nicht anklopfen brauchen Sie allerdings bei der Tür, die in ein Großraumbüro führt.

Verhalten als Raucher

Schon längst haben Tabakwaren ihr Image als „schicke" Modedroge verloren – trotz rauchender Hollywood-Stars und paffender Staatsmänner.

Wie verhält man sich als Raucher gegenüber Nichtrauchern?

Verhalten als Raucher

Wenn Sie sich nicht gerade in einer offiziellen Raucherzone oder im Freien befinden, dann brauchen Sie zum Rauchen die Zustimmung Ihres Gegenübers. Doch achten Sie darauf, dass Sie keine Suggestivfrage in der Art „Es macht Ihnen doch nichts aus, wenn ich rauche?" stellen. In Meetings mit Geschäftskunden, Vorgesetzen und Kollegen sollten Sie ganz auf das Rauchen verzichten. Ganz gefährlich: Schnell noch ein paar Züge vor einem Geschäftstermin nehmen. Der „blaue Dunst" lässt sich nämlich noch Minuten später deutlich riechen und Sie wissen nicht, ob es andere stört.

Gedeck und Besteck

Egal ob Vorspeise, Suppe, Hauptgang oder Dessert – zu jedem Gang gehört ein eigenes Besteck und Gedeck.

Der kleine Teller links neben Ihrem Platz ist der Brotteller. Brot können Sie als Beilage zur Vorspeise essen. Leider lässt sich immer wieder die Unsitte beobachten, dass eine Scheibe Brot mit Butter bestrichen und dann abgebissen wird. Richtig ist es hingegen, vom Brot oder Brötchen kleine Teile abzubrechen und auf dem Brotteller mit Butter zu bestreichen (Bröckchen-und-Flöckchen-Regel).

Was gibt es noch zu Gedeck und Besteck zu sagen?

Gedeck und Besteck

Meist befindet sich ein großer Teller – der sogenannte Platzteller – vor Ihnen, auf dem die Teller der einzelnen Gänge abgestellt werden. Daneben liegt von außen nach innen folgendes Besteck: Links die Gabeln, rechts der Suppenlöffel und die Messer. Das Dessertbesteck liegt üblicherweise über dem Teller.

Gehen Sie bei der Verwendung des Bestecks von außen nach innen vor. Falls Sie einen Fischgang bestellen, wird Ihnen ein Fischbesteck zusätzlich eingedeckt. Mit dem Ende eines jeden Gangs legen Sie das benutzte Besteck einfach auf dem Teller ab. Bitte tauschen Sie als Linkshänder das Besteck erst, wenn Sie es benutzen und legen Sie es am Ende wieder wie ein Rechtshänder ab!

Wie isst man...

Wenn Sie Ihr Essen selbst wählen können, dann wagen Sie sich bitte nicht auf unbekanntes Terrain vor. Doch auch gewohnte Speisen haben ihre Tücken.

Also: Wie isst man was?

Wie isst man...

Suppe:

Führen Sie den Löffel mit der Spitze nach vorn zum Mund. Versuchen Sie bitte nicht den letzten Tropfen vom Boden zu kratzen. Wenn eine Suppentasse verwendet wird, können Sie allerdings zum Schluss die Tasse an einem Henkel nehmen und daraus trinken.

Spaghetti:

Verwenden Sie bitte nur die Gabel und wickeln Sie jeweils zwei oder drei Nudeln auf.

Brot und Brötchen:

Brechen Sie Brot und Brötchen in mundgerechte Stückchen, die Sie dann gegebenenfalls mit Butter oder Schmalz bestreichen.

Geflügel:

Geflügel essen Sie mit Messer und Gabel.

Nach dem Geschäftstermin

Meetings und Gespräche beim Kunden gehören zum Alltag.

Muss man sich dann über so etwas Alltägliches überhaupt noch viele Gedanken machen?

Nach dem Geschäftstermin

Ein paar Gedanken sind schon angebracht: Bedanken Sie sich stets für das Gespräch, selbst wenn es erfolglos oder unerfreulich war. Ein Dreizeiler, z. B. als E-Mail, genügt. Und wenn Sie dabei die wichtigsten Punkte und Ergebnisse aus Ihrer Sicht zusammenfassen, hinterlassen Sie einen umso besseren Eindruck. Im angelsächsischen Raum erwartet man sogar einen kurzen Dank für eine Einladung. Wer es versäumt, diesen „bread-and-butter letter" abzuschicken, hat kaum Chancen, wieder eingeladen zu werden.

Distanz wahren

Die erlaubte Nähe zwischen zwei Menschen ist abhängig von ihrem Bekanntschaftsgrad.

Was muss man diesbezüglich beim Umgang mit Geschäftspartnern beachten?

Distanz wahren

Es gibt im Umgang mit Menschen deutliche Distanzzonen, die man ohne klare Signale nicht überschreiten sollte. Zu völlig fremden Menschen sollte man – wenn ausreichend Raum zur Verfügung steht – einen Abstand von zwei Metern einhalten. Ist man mit einem Menschen flüchtig bekannt, darf sich dieser Abstand auf einen Meter verringern. In persönlichen Gesprächen liegt die Distanz zwischen einem halben und einem Meter. Nur bei Freunden und sehr guten Geschäftspartnern darf man diesen Abstand unterschreiten und sogar durch leichten Körperkontakt die persönliche Nähe unterstreichen.

Vertraulichkeit

Vertraulichkeit wird im Geschäftsleben groß geschrieben – sowohl im eigenen Unternehmen als auch in Unternehmen, die Sie als Kunde oder Verkäufer besuchen.

An welchen allgemeinen Regeln können Sie sich orientieren?

Vertraulichkeit

Als Faustregel gilt: Halten Sie sich an geschriebene, aber auch lediglich ausgesprochene Regeln. Beachten Sie Handy-Verbotsschilder, beispielsweise beim Besuch von Produktionsanlagen, oder das Fotografier-Verbot in Entwicklungsabteilungen von Unternehmen. Dass ein klingelndes Mobiltelefon im Meeting, bei Vorträgen oder beim Geschäftsessen nicht gerade ein Aushängeschild für Diskretion ist, versteht sich von selbst. Übrigens: Wer vertrauliche Daten in großer Runde weitergibt oder mit Insiderwissen prahlt, der braucht sich nicht zu wundern, wenn die Beförderung auf sich warten lässt.

Der Arbeitsplatz

Aufgeräumt oder unordentlich, stilvoll oder langweilig, praktisch oder sperrig – Arbeitsplätze geben Einblick in die Mentalität ihrer Benutzer.

Worauf sollten Sie beim Einrichten und Pflegen Ihres Arbeitsplatzes achten?

Der Arbeitsplatz

Folgende Punkte sollten Sie beachten:

- Achten Sie darauf, dass der Arbeitsplatz nicht wie ein erweitertes Wohnzimmer aussieht.
- Räumen Sie benutztes Geschirr vom Schreibtisch.
- Lassen Sie keine vertraulichen Unterlagen offen umherliegen – auch dann nicht, wenn Sie nur kurz den Arbeitsplatz verlassen.
- Stellen Sie keine Kaffeetassen auf Akten oder Geräte.
- Verbergen Sie Einkäufe, Jacken, Zweitschuhe etc. am besten in einem Wandschrank.
- Halten Sie Ordnung.

Wenn Sie Besucher sind...

Als Besucher müssen Sie Zufahrten, Parkplätze und Eingänge überwinden – planen Sie dafür Zeit ein. Wenn Sie mit dem Auto anreisen, dann achten Sie darauf, dass Sie ausschließlich die ausgewiesenen Besucherparkplätze benutzen! Mitarbeiterparkplätze oder Stellplätze der Geschäftsleitung sind tabu.

Worauf sollten Sie achten, wenn Sie den Eingangsbereich passiert haben?

Wenn Sie Besucher sind...

Achten Sie auf folgende Dinge:

- Seien Sie pünktlich. Falls Sie mehr als 10 Minuten zu früh zu einem Treffen erscheinen, melden Sie sich nicht sofort am Empfang.
- Wenn Sie sich frisch machen möchten, fragen Sie sofort am Empfang nach dem Weg zur Toilette. Dies ist auf jeden Fall besser, als erst zu fragen, wenn Ihr Gesprächspartner erscheint.
- Setzen Sie sich erst hin, wenn man Sie dazu auffordert.
- Benutzen Sie nicht wie selbstverständlich die technische Ausstattung des Büros.

Die Körperpflege

Egal ob Creme, Lotion, Duschgel oder Shampoo – die Auswahl an Pflegemitteln ist riesig.

Worauf sollten Sie achten, wenn es um Körperpflege geht?

Die Körperpflege

Oft gehört und schließlich doch vergessen: Die kosmetische Pflege der Hände, vor allem der Fingernägel. Denken Sie daran, dass die Fingernägel vor allem sauber und nicht zu lang sein sollten. Dreckige Fingernägel lassen sich kaum verstecken und schließlich wollen Sie ja kein Versteckspiel betreiben. Gerne können Sie auch die Hände eincremen. Allerdings sollten Sie dies im Vorfeld einer Begegnung tun, damit die Creme in die Haut einziehen kann.

Besonders Männer sollten daran denken: Haare, die aus Nasenlöchern und Ohren sprießen, hinterlassen einen schlechten Eindruck. Weg damit!

Achtung: Körperpflege ist etwas Privates und sollte daher nicht in Gegenwart von anderen erfolgen.

Der erste Eindruck

So gut wie jeder weiß: Der erste Eindruck zählt. Nicht weniger bekannt ist die Tatsache, dass man einen schlechten Eindruck nur schwer ins Positive umkehren kann.

Wie also sorgen Sie für einen guten Eindruck?

Der erste Eindruck

Beim Kennenlernen geht es in erster Linie um Ihre Persönlichkeit. Das heißt, Ihr Werdegang, Ihre Zeugnisse und Ihre Lebenserfahrung sind zweitrangig. Viel wichtiger als diese Dinge ist Ihr Auftreten. Pluspunkte gibt es fürs Lächeln sowie für eine überzeugende Mimik und Gestik. Auch positive Affirmationen bestärken Ihr Gegenüber darin, Sie als nette Person wahrzunehmen. Versuchen Sie, nicht überheblich zu wirken, und geben Sie Ihrem Gegenüber das Gefühl, ernst genommen zu werden.

Small-Talk

Wer die Kunst des Small-Talks beherrscht, kann schnell ein umfangreiches Kontaktnetzwerk aufbauen.

Die Frage ist bloß: Wie sollten Sie vorgehen?

Small-Talk

Small-Talk sollte eine leichte, inspirierende Unterhaltung sein. Dabei ist es wichtig, dass jeder gleichermaßen oft zum Zuge kommt, sodass nicht einer die ganze Zeit spricht und der andere stumm zuhört. Gesprächsanlässe sind beispielsweise das Wetter, die Herkunft, berufliche Stationen, Tagesereignisse, Sport oder Hobbys. Merken Sie sich die kleinen Hinweise Ihres Gesprächspartners und kommen Sie zum richtigen Zeitpunkt darauf zurück. So verhindern Sie, dass Langeweile aufkommt. Stehen Sie in einer Gruppe zusammen, dann laden Sie Einzelne, die in der Nähe stehen, in Ihre Runde ein.

Alkoholkonsum

Wer über den Durst trinkt, verliert bald die Kontrolle über sich selbst. Beinahe unnötig zu erwähnen, dass dies peinliche Folgen haben kann.

Was sollten Sie berücksichtigen?

Alkoholkonsum

Wenn Sie Alkohol trinken wollen oder Ihnen welcher angeboten wird, dann halten Sie Maß. Alkohol senkt Ihre Hemmschwelle und Sie laufen Gefahr, Dinge zu tun und zu sagen, die Sie hinterher bereuen könnten. Im Geschäftsleben geht es nicht darum, zu prahlen, wer am meisten verträgt. Wenn Sie mehr trinken als Ihre Geschäftspartner, dann sind Sie schnell „unten durch". Außerdem kann die Stimmung dann sehr schnell ins Negative umschlagen. Denken Sie als Gastgeber daran, bei einem Umtrunk genügend interessante nichtalkoholische Getränke bereitzustellen.

Kleidung bei Männern

Sie sollten in jedem Fall eine Grundausstattung aus leicht kombinierbaren Kleidungsstücken besitzen. Für kältere Tage sind auch feine Pullover in dunklen Farben oder beige für den Berufsalltag salonfähig. Krawatten mit Comic-Figuren, Sinnsprüchen oder aus Leder sind absolut tabu – dann lieber ohne! Achten Sie auch auf die Länge Ihrer Krawatte: Die Krawattenspitze sollte am Gürtel enden.

Im Stehen sollten Sie Ihr Jackett schließen. Der untere Knopf bleibt offen. Wenn Sie zu Besuch sind: Legen Sie auf keinen Fall das Jackett ab, bevor der Gastgeber dies selbst getan hat.

Tipp: Orientieren Sie sich am Kleidungskodex im Unternehmen.

Kleidung bei Männern

Bei Männern ist die Kleidungsfrage im Berufsalltag schnell gelöst: Ein Anzug mit Hemd und Krawatte muss es sein.

Modische Akzente setzen Sie am besten mit Hemd und Krawatte in aktuellen Farben. Doch Achtung: Gerade in den Führungsetagen großer Konzerne ist nach wie vor ein weißes Hemd Pflicht!

Nicht jedes Unternehmen oder Büro hat den gleichen Dresscode. Informieren Sie sich frühzeitig, denn sonst laufen Sie Gefahr, sich zu blamieren. Peinlich, wenn Sie im Meeting als Einziger in Jeans auftauchen oder umgekehrt am „Casual Friday" im Designeranzug aufkreuzen.

Handy & Co.

Ganz gleich, ob Sie in der Bahn, in einer Lobby oder im Taxi sitzen: Wenn andere mithören können, kann jedes Gespräch zu einer kniffligen Angelegenheit werden.

Generell gilt: Führen Sie niemals ein vertrauliches Gespräch in der Öffentlichkeit. Denn: Viele Zuhörer wider Willen können schnell ganz große Ohren bekommen! Die Namen von Geschäftspartnern und Unternehmen sowie Zahlen und Fakten gehen niemanden etwas an. Teilen Sie Ihrem Gesprächspartner nach der Begrüßung mit, dass Sie nicht ungestört telefonieren können und vereinbaren Sie einen Rückruf. Ein wichtiges Gespräch braucht Zeit und Ruhe, ein unwichtiges kann warten!

Tipp: Achten Sie darauf, dass Ihnen niemand beim Lesen Ihrer E-Mails über die Schulter schauen kann!

Handy & Co.

Immer und überall erreichbar zu sein – das ist in der heutigen Zeit normal; auch oder gerade wenn man unterwegs ist. Natürlich schalten Sie Ihr Handy bei wichtigen Terminen aus oder stellen es zumindest auf lautlos.

Was sollten Sie beim Telefonieren in der Öffentlichkeit beachten?

Jemanden korrekt vorstellen

Für die Vorstellung gelten zwei Regeln:
- Der Ankommende wird den Anwesenden vorgestellt.
- Der Ranghöhere erhält die Informationen zuerst.

Ein Beispiel: „Herr Welfes, ich möchte Ihnen gerne unseren neuen Mitarbeiter, Herrn Meier, vorstellen. – Herr Meier, das ist unser Vertriebsleiter, Herr Welfes.". Fügen Sie diesem offiziellen Teil der Vorstellung stets weitere Informationen hinzu, z. B.: „Herr Meier hat dieses Jahr die Technikerschule in München abgeschlossen und wird im Einkauf für uns tätig sein."

Tipp: Achten Sie darauf, ungewohnte Namen richtig auszusprechen.

Jemanden korrekt vorstellen

Sie stehen neben einem neuen Mitarbeiter. Plötzlich stößt der Vertriebsleiter hinzu. Weder kennt Ihr Vorgesetzter den neuen Mitarbeiter, noch kennt dieser den Vertriebsleiter.

Wie stellen Sie vor?

Die Serviette

Eine Serviette ist Dekoration und gehört von dem Moment an, wo der Gastgeber oder der Ranghöchste sie nimmt, auf Ihren Schoß. Sie in den Hemdkragen zu stecken oder gar umzubinden, ist schon lange aus der Mode und gilt deshalb als Stilfehler.

Vor dem Trinken wird der Mund mit der verdeckten Innenseite der Serviette abgetupft. Tupfen, nicht wischen! Nach der Mahlzeit und vor dem Kaffee legen Sie die Serviette zusammengefaltet links neben Ihren Teller – dies gilt auch, wenn Sie zwischendurch einmal aufstehen müssen. Dabei zeigt die offene Seite der Serviette zu Ihrem Teller.

Achtung: Eine auf den Boden gefallene Serviette lassen Sie in guten Restaurants liegen. Bitten Sie um eine neue.

Die Serviette

Auf den eingedeckten Tischen guter Restaurants finden sich oft kunstvoll gefaltete Servietten. Sie sind ein Teil der Tischkultur und es gibt eine Handvoll Regeln, die Sie beim Gebrauch der Serviette beachten sollten.

Wie lauten diese Regeln?

Speisen schneiden

In früheren Zeiten entwickelten Kartoffeln zusammen mit dem Stahl der Messerschneide einen unangenehmen Geschmack. Wohl deswegen galt es lange als Stilfehler, Kartoffeln mit dem Messer zu schneiden. Inzwischen bestehen Messerklingen aus korrosionsarmen Legierungen und es ist gestattet, Knödel, Kartoffeln und Salat zu schneiden. Doch es steht Ihnen frei, nach der alten Schule zu essen. Feinschmecker sind ohnehin der Meinung, dass Beilagen einen besseren Geschmack entfalten, wenn sie mit der Gabel gebrochen werden.

Tipp: Falten Sie Salat mit der Gabel und schneiden Sie nur große, harte Blätter mit dem Messer.

Speisen schneiden

Ob Fisch, Fleisch oder Gemüse – sie müssen in mundgerechte Portionen zerlegt werden.

Was sollten Sie beim Schneiden von Speisen beachten?

Accessoires

Generell gilt: Weniger ist mehr. Stimmen Sie Accessoires in Stil und Farbe auf das Outfit ab. Schmuck im Kopf- und Halsbereich sollte eine Einheit bilden, genauso wie der Schmuck an den Armen und Händen. Achtung: Bitte gehen Sie sparsam mit Ringen um – an jedem Finger einen oder mehrere Ringe wirkt wenig professionell. Bei Uhren gilt: Finger weg von Imitaten und Discounterschnäppchen.

Passen Sie Schmuck und Accessoires immer dem Anlass an. Glitzersteine und Brillanten tagsüber sind wenig passend.

Achtung: Legen Sie in Räumlichkeiten mit Überdachung Ihre Kopfbedeckung ab.

Accessoires

Gürtel, Halstuch, Ringe, Hut und Schmuck – mit gut gewählten Accessoires unterstreichen Sie Ihre Persönlichkeit. Aber Vorsicht: Es gibt einige Fallen, in die man besser nicht tappt. Dass Piercings im Gesicht und Tattoos nicht zu den Accessoires gerechnet werden, mit denen Sie im Geschäftsleben punkten können, versteht sich von selbst.

Was sollten Sie bei Accessoires noch berücksichtigen?

Tischsitten

Grundregeln zum Thema „Tischmanieren":

- Gestikulieren Sie nicht mit Besteck – schon gar nicht mit dem Messer.
- Führen Sie die Gabel oder den Löffel zum Mund, anstatt den Mund zur Gabel.
- Essen Sie nicht zu hastig.
- Achten Sie auf Ihre Tischnachbarn und fragen Sie, ob Sie ihnen nachschenken bzw. -reichen dürfen.
- Greifen Sie nicht über den Teller Ihres Tischnachbarn, um z. B. an die Flasche zu gelangen.
- Legen Sie einmal benutztes Besteck nicht wieder auf dem Tisch ab.
- Verwenden Sie keine Zahnstocher.
- Schminken Sie sich nicht bei Tisch.

Tischsitten

Grundsätzlich gilt: Alles verlässt den Mund genauso wieder (ungeplante Gräten, Knochen oder Steine), wie es auch in den Mund gekommen ist – also zurück auf die Gabel damit und dann auf den Tellerrand.

Doch was für Tischsitten gibt es noch?

Türen und Vorausgehen

Derjenige mit dem niederen Rang öffnet die Tür und lässt den Höherrangigen zuerst hindurchgehen. Dabei wird die allgemeine Regel befolgt, dem Ranghöheren, dem Gast oder der Frau den Vortritt zu lassen. Wenn größere Gruppen unterwegs sind, können Gesprächspartner durch Blickkontakt und Körpersprache in der Situation klären, wer vorangeht.

Doch Achtung: Wenn es eine Geste der Höflichkeit ist, den Ranghöheren oder den Gästen den Vortritt zu lassen, so ist das in unübersichtlichen, gefährlichen oder fremden Umgebungen ein Fauxpas. Das gilt beispielsweise bei der Besichtigung einer Baustelle oder einer Fertigungshalle.

Türen und Vorausgehen

Die Tür wird geöffnet und man geht durch sie hindurch – keine Sache, die einer langen Überlegung bedarf.

Doch wissen Sie, wer bei einer Gruppe von Geschäftsleuten die Tür zu öffnen hat?

Respekt und Höflichkeit

Ein „Gesundheit" nach dem Niesen sagt man nicht mehr. Grund: Oft fühlen sich Niesende in Konferenzen, Meetings und Besprechungen als Störenfriede. Ein „Gesundheit" verstärkt dieses Gefühl. Eine Entschuldigung für ein Niesen wird im Geschäftsleben allerdings auch nicht erwartet, obwohl dies in manchen Ratgebern zu lesen ist. Bei kleinen Missgeschicken ist jedoch eine Entschuldigung angebracht.

Grundsätzlich gilt, dass Sie Niesen, Magengrummeln oder Husten – kurz: jedes unfreiwillige Körpergeräusch – kommentarlos überhören sollten.

Respekt und Höflichkeit

Die kleinen Zauberwörter „Danke" und „Bitte" sollten Sie auch im Geschäftsleben in Erinnerung behalten. Diese Wörter sind ein Ausdruck der Wertschätzung und machen das Miteinander angenehmer – ob im Gespräch, in Briefen oder E-Mails. Denken Sie an diese Zauberwörter auch beim Umgang mit Dienstleistern – egal, ob es um eine kleine Gefälligkeit oder eine Selbstverständlichkeit geht. Ein „Danke" gehört sich einfach.

Doch wie steht es um das Wort „Gesundheit"?

Treppensteigen

Ursprünglich war die Regel: Der Herr geht vor. Doch diese Regel stammt noch aus einer Zeit, in der es unschicklich war, einen Blick auf die Beine einer Frau zu werfen. Die Regel heute besagt: Egal, ob treppauf oder treppab, der Ranghöhere in der Berufswelt, die Frau bei gemischten Gruppen oder der Ältere bei gleichgeschlechtlichen Paaren geht oben, denn er soll immer weich fallen, für den Fall, dass er ins Stolpern gerät. Treppauf also voraus, treppab hinterher. In jedem Fall achten Sie darauf, seitlich versetzt zu gehen.

Übrigens: Sturzunfälle treten häufiger auf, als man gemeinhin annimmt. Eine Hand gehört ans Geländer. Bieten Sie deshalb bei Taschen und Gepäck Ihre Hilfe an.

Treppensteigen

Stufe für Stufe schreitet man die Treppe empor – es scheint, als ob es das einfachste auf der Welt sei. Ist es auch, aber nur, wenn man nicht von Geschäftspartnern begleitet wird.

Worauf sollten Sie beim Treppensteigen in Begleitung achten? Und: Wer geht voran?

Der Umgang mit Gläsern

Zugeprostet wird sich einzig durch Zunicken. Gläser werden nicht aneinander gestoßen, auch nicht bei Sekt, denn dieser wird durch das Anstoßen schneller schal.

Das Glas wird mit der rechten Hand gehalten. Allerdings gilt bei Stehempfängen folgende Regelung: Hat ein Glas keinen Stiel, dann halten Sie dieses mit der linken Hand. Sie vermeiden dadurch, dass Sie Ihr Gegenüber mit einer kalten und möglicherweise feuchten Hand begrüßen.

Der Umgang mit Gläsern

Weinglas, Wasserglas, Schnapsglas – die Auswahl an Trinkgefäßen ist vielseitig. Und für gewöhnlich stehen mehrere Gläser auf dem Tisch: Ein Wasserglas rechts neben dem Teller, meist ohne Stiel, sowie zwei mit Stiel. Das kleinere wird für den Weißwein verwendet, das größere für den Rotwein. Wichtig ist, dass Sie die Weingläser am Stiel und nicht am Kelch fassen (so behält das Getränk länger seine Temperatur)!

Was gilt es noch beim Umgang mit Gläsern zu beachten?

Missgeschicke

Erklären Sie gleich zu Beginn des Gesprächs Ihr Missgeschick. Für ausführliche Entschuldigungen besteht dabei kein Anlass. Ein kurzes „Entschuldigen Sie das bitte!" genügt.

Wenn Ihnen ein Missgeschick Ihres Gegenübers auffällt, welches er selbst noch nicht bemerkt hat: Weisen Sie ihn kurz unter vier Augen darauf hin – eine höfliche Geste.

Tipp: Prüfen Sie Ihre Kleidung, bevor Sie zu einem Geschäftstermin gehen. So verhindern Sie zumindest offene Reißverschlüsse und Flecken.

Missgeschicke

Auf dem Weg zum Kunden streifen Sie ein verschmutztes Geländer oder ein Knopf macht sich selbständig – von den kleinen Unfällen bei Tisch ganz zu schweigen.

Sollten Sie besser so tun als ob alles in Ordnung sei?

Duzen

Ein angebotenes „Du" sollten Sie nach Möglichkeit annehmen. Falls Sie dennoch ablehnen möchten, bringen Sie in jedem Fall Ihre Freude über das Angebot zum Ausdruck, z. B. so: „Danke für das Vertrauen und das Angebot. Ich möchte trotzdem gerne beim ‚Sie' bleiben. Im Berufsleben fühle ich mich damit wohler." Ein absolutes Tabu ist es, ein einmal angenommenes Du wieder rückgängig machen zu wollen.

Manchmal ergibt sich das „Du" bei geselligen Gelegenheiten wie von selbst und oft ist es schwierig, im Unternehmen daran anzuknüpfen. Verwenden Sie am Tag danach als Rangniederer zunächst das „Sie". Wenn ein „Du" zurückkommt, greifen Sie es auf.

Duzen

Im Unterschied zu amerikanischen Unternehmen, in denen ein lockerer Umgangston und das „Du" vorherrscht, gilt für die meisten deutschsprachigen Betriebe das „Sie". Zu Beginn jedenfalls.

Für den Schritt vom „Sie" zum „Du" gibt es klare Regeln:

Das „Du" bietet stets der Ranghöhere dem Rangniederen an; bei Gleichrangigkeit der Ältere dem Jüngeren und die Frau dem Mann. Ob Sie es mit einem Händedruck besiegeln oder es bei der einfachen Erklärung belassen, liegt bei Ihnen.

Verhalten in Aufzügen

In Aufzügen gilt dasselbe wie in Räumen: Der Ranghöhere, der Gast oder die Frau geht vor. Mit der Ausnahme, dass Sie bei älteren Ausführungen, die nicht mit einer automatischen Schiebetür ausgestattet sind, beim Aussteigen vorgehen. Hier drücken Sie die Tür auf und halten Sie offen, während der andere durchgeht – gerade so, wie Sie es mit jeder anderen Tür auch machen. Eine Ausnahme: Wenn die Aufzugstüren schmal sind, dann sollte die Person den Aufzug zuerst verlassen, die der Tür am nächsten ist.

Verhalten in Aufzügen

Als Elisha Graves Otis im Jahre 1854 dem Aufzug zum Durchbruch verhalf, schuf er damit ein Stück Bequemlichkeit.

Natürlich grüßen Sie die Mitfahrenden, wenn Sie einen Aufzug betreten und scheuen sich auch nicht vor einem kleinen Small-Talk. Denn schon so manches gute Geschäft hat im Fahrstuhl seinen Anfang genommen.

Doch: Wer betritt und verlässt den Aufzug zuerst?

Visitenkarten

Bei Gruppen gilt: Der Ranghöhere erhält die Visitenkarte zuerst. Ist keine Hierarchie erkennbar, verteilen Sie die Visitenkarten der Reihe nach. Werfen oder schieben Sie die Karte nicht über den Tisch, sondern überreichen Sie Ihre Karte persönlich.
Wenn Sie eine Visitenkarte im Stehen erhalten, dann würdigen Sie diese ebenso wie im Sitzen. Eine kurze Bemerkung der Wertschätzung wie „Aha, Sie sind der Geschäftsführer", wirkt oft Wunder. Stecken Sie die Visitenkarte anschließend nicht achtlos weg, sondern behandeln Sie die Visitenkarte mit Respekt, indem Sie sie sorgfältig in Ihrer Mappe oder noch besser in einem geeigneten Etui verstauen.

Tipp: Lassen Sie die Karten im Gespräch auf dem Tisch liegen; sie helfen bei der korrekten Anrede.

Visitenkarten

Visitenkarten gibt es in den unterschiedlichsten Ausfertigungen. Dass Visitenkarten hochwertig gedruckt sein sollten und auf handschriftliche Korrekturen verzichtet wird, versteht sich von selbst. Verwenden Sie am besten ein Visitenkartenetui. Das wirkt professionell und schützt die Karten außerdem vor Verunreinigungen.

Übergeben Sie Ihre Visitenkarte zu Beginn des Gesprächs an Ihren Gesprächspartner.

Doch was sollten Sie bei der Übergabe beachten?

Sitzordnung beachten

Man findet Sie in jedem Unternehmen: Stammplätze, die über Jahre hinweg von den gleichen Kollegen in Beschlag genommen werden. Setzen Sie sich einfach auf diese Plätze, ist dies mit einer Kampfansage gleichzusetzen. Das kann schon beim gemeinsamen Mittagessen anfangen: Eine feste Gruppe aus Kollegen geht in ihr Stammrestaurant. Die Wahrscheinlichkeit ist hoch, dass die meisten Plätze an Ihrem Tisch bereits fest vergeben sind.

Bei noch unvergebenen Sitzplätzen in einer neuen Umgebung darf sich der Gast oder der Ranghöchste als erstes den Platz aussuchen.

Tipp: Als Neuling warten Sie am besten ab, bis sich alle gesetzt haben. Erst dann suchen Sie einen Sitzplatz.

Sitzordnung beachten

Ein Meeting wird anberaumt und Sie setzen sich einfach auf den nächstbesten Platz.

Den besten Platz (der mit dem Rücken zur Wand und mit Sicht auf die Tür bzw. in den Raum hinein) haben Sie nicht genommen. Aber haben Sie dennoch etwas falsch gemacht?

Warten mit Stil

Am besten warten Sie ab, bis mehrere Personen eintreffen, die sich ihrerseits gemütlich einrichten. Denn wenn Sie das alleine tun, erwecken Sie schnell den Eindruck eines Eindringlings. Dies ist besonders peinlich, wenn Sie sich hungrig über einen Snack hermachen und dann mit vollem Mund „erwischt" werden. Wenn Sie sich bei einer längeren Wartezeit setzen möchten, achten Sie darauf, die Tür oder den Empfangstresen im Blick zu haben, um das Eintreffen Ihres Gastgebers rechtzeitig mitzubekommen. Denn: Sie sollten jeden Hinzukommenden ohne Umwege mit Handschlag begrüßen können. Nutzen Sie die Wartezeit nicht zum Telefonieren! Es kann sehr peinlich werden, wenn der Gesprächspartner schneller kommt als geplant.

Warten mit Stil

„Nehmen Sie doch schon einmal Platz!" oder „Bitte bedienen Sie sich doch mit Kaffee oder Getränken!" sind Sätze, die man häufig hört.

Sollten Sie den Aufforderungen Folge leisten?

Kleidung bei Frauen

Ihre Kleidung sollte elegant, zeitlos und gut kombinierbar sein.

Vermeiden Sie unbedingt folgende Dinge:

- Freie Schultern: Die Schultern sollten im Geschäftsumfeld bedeckt sein
- Ein zu tiefes Dekolleté
- Miniröcke oder Freizeitkleidung
- Spaghettiträger
- Zehenfreie Schuhe
- Zu viel Schmuck
- Slips, die sich unter engen Hosen und Röcken abzeichnen

Mit einem bunten Tuch, einer dezenten Brosche oder einem schicken Gürtel können Sie Ihre Businesskleidung aufpeppen.

Kleidung bei Frauen

Wenn Sie sich formell kleiden möchten, sollten Sie Folgendes beachten: Wählen Sie ein Kostüm oder einen Hosenanzug in gedeckten Farben und setzen Sie Akzente mit dezenten Accessoires.

Strümpfe oder Strumpfhosen zu tragen – natürlich ohne Laufmaschen – ist auch im Sommer Pflicht. Grundsätzlich gilt: Die gewählte Kleidung sollte keine erotischen Signale senden. Und: Kleiden Sie sich nicht nach dem letzten Schrei – es sei denn, Sie sind in der Modebranche tätig.

Was gibt es noch zu beachten?

Begrüßung mit Handschlag

Der Höhergestellte entscheidet, ob er die Person mit Handschlag begrüßen will oder nicht. Wichtig: Drängen Sie niemanden zum Handschlag, denn sonst sammeln Sie Minuspunkte. Und: Ein Handschlag sollte kein langes Schütteln sein. Ein kurzes Drücken – nicht Erdrücken – reicht. Ebenfalls wichtig: Ziehen Sie den anderen nicht zu sich heran. Am besten Sie treffen sich in der Mitte.

Falls Sie feuchte Hände haben, benutzen Sie bitte im Vorfeld ein Taschentuch.

Achtung: Die linke Hand gehört bei der Begrüßung nicht in die Hosentasche.

Begrüßung mit Handschlag

Wer den anderen zuerst sieht, der grüßt. Anders als bei der verbalen Begrüßung hält man sich jedoch beim Handschlag gewöhnlich an eine Rangordnung.

Wie sieht diese aus?

Utensilien

Denken Sie daran: In den Taschen Ihres Anzugs befindet sich außer einem sauberen Taschentuch am besten nichts. Denn ausgebeulte Taschen werden schnell als Ausdruck mangelnder Souveränität verstanden. Dies gilt vor allem, wenn Sie die Utensilien vor sich auf dem Tisch ausbreiten. Damit beeindrucken Sie niemanden, sondern lenken nur von sich ab. So etwas gehört in Ihre Aktentasche. Und Utensilien am Gürtel? Das überlassen Sie besser Einsatzkommandos und Pfadfindern. Von letzteren stammt auch der Rucksack, der als Transportmittel für Laptops inzwischen salonfähig geworden ist.

Utensilien

Die moderne Zivilisation hat viel Nützliches hervorgebracht: Mobiltelefon, Organizer, Laptop, Visitenkarten und noch vieles mehr.

Nur: Wohin mit all diesen Dingen?

Gerüche und Parfüm

Die eindeutige Antwort lautet: Ja, man kann. Es klingt vielleicht selbstverständlich, aber das erste Gebot ist die Körperhygiene. Regelmäßiges Duschen sowie das regelmäßige Waschen und Reinigen der Kleidung ist anscheinend noch nicht in allen Büroetagen angekommen.

Für Menschen, die viel schwitzen, gilt: Deodorants benutzen und zur Sicherheit ein Ersatzhemd einpacken.

Übrigens: Auf der sicheren Seite sind Sie, wenn Sie eine Notfallausstattung bestehend aus Zahnbürste, Deodorant, Nagelschere und Kamm im Schreibtisch aufbewahren.

Tipp: Parfüm oder Rasierwasser bitte in Maßen verwenden. Nehmen Sie lieber etwas zu wenig als zu viel.

Gerüche und Parfüm

Der Geruch eines Menschen trägt maßgeblich dazu bei, ob seine Anwesenheit geschätzt wird oder ob sie einem zuwider ist.

Kann man zu einem angenehmen Geruch selbst beitragen?

E-Mails verfassen

E-Mails sind weit mehr als nur kurze Nachrichten. Sie sind ein Teil der Geschäftskorrespondenz, sowohl innerhalb eines Unternehmens als auch außerhalb. Somit gelten für E-Mails dieselben Regeln wie für jeden Geschäftsbrief – auch was Rechtschreibung und Satzzeichen betrifft. Im Unterschied zu einem Brief können Sie E-Mails jedoch knapper verfassen. Die Betreffzeile in Ihren E-Mails sollten Sie immer mit einem aussagekräftigen Titel versehen. Damit ersparen Sie dem Adressaten eine Menge Einlesezeit. Hilfreich ist es, eine automatische Signatur einzurichten, so hat der Empfänger immer Ihre Kontaktdaten zur Hand.

Tipp: Gehen Sie sparsam mit den Einordnungen „dringend" oder „vertraulich" um.

E-Mails verfassen

Tag für Tag das gleiche Ritual: Rechner anschalten, E-Mails abrufen und die Spreu vom Weizen trennen – keine leichte Aufgabe, wenn man bedenkt, dass es oft unzählige E-Mails sind.

Worauf sollten Sie beim Verfassen von E-Mails achten?

Pünktlichkeit

Im Beruf ist Pünktlichkeit von großer Bedeutsamkeit, weil ungeplante Wartezeiten einen Eingriff in die Zeitbudgets der Gesprächspartner darstellen. Nachlässig mit der Zeit Anderer umzugehen, ist demnach eine Rücksichtslosigkeit.

Planen Sie für Termine genügend zeitlichen Spielraum ein, auch für die Parkplatzsuche, den Weg über das Gelände und durch die Gebäude. Die übrige Zeit können Sie ohnehin für kleine Aufgaben nutzen, auch unterwegs – dem Laptop sei Dank. Und sollte dennoch der Fall eintreten, dass Sie sich verspäten, dann geben Sie rechtzeitig Bescheid.

Tipp: Pünktlichkeit bedeutet auch, nicht zu früh zu Terminen zu kommen.

Pünktlichkeit

Andere Länder, andere Sitten?
Die Antwort lautet: Nein! Egal wo Sie einen Termin wahrnehmen und bei wem: Seien Sie pünktlich!

Warum ist Pünktlichkeit im Berufsleben so wichtig?

Verhalten als Gast

Auch wenn bei Einladungen Pünktlichkeit angesagt ist, so geben Sie im gesellschaftlichen Leben, insbesondere bei Einladungen in Privathaushalten, Ihren Gastgebern mit einigen Minuten absichtlicher Verspätung ruhig noch ein wenig Luft bei ihren Vorbereitungen. Ein Gastgeschenk sollte nicht zu üppig ausfallen. Ein Blumenstrauß oder eine Schachtel Pralinen ist völlig ausreichend. Besonders Geschenke und Spezialitäten mit regionalem Bezug haben sich bewährt. Vermeiden Sie den Eindruck, sich anbiedern zu wollen.

Tipp: Halten Sie im Unternehmen einen Fundus bewährter Gastgeschenke bereit.

Verhalten als Gast

Es ist eine besondere Anerkennung und Ehre, wenn Sie von einem Geschäftspartner eingeladen werden.

Wie sollten Sie sich als Gast verhalten?

Umgang mit Messer und Gabel

Wenn Sie Ihren Teller leer gegessen haben, dann legen Sie Ihr Besteck ab. Nicht auf dem Tisch, sondern auf dem Teller; wenn es einen Unterteller gibt, auf dem Unterteller. Und wenn Sie fertig gegessen haben, dann legen Sie Messer und Gabel parallel und schräg auf den Teller (auf vier Uhr zwanzig). Falls Sie weiteressen wollen oder nachgelegt haben möchten, legen Sie das Besteck über Kreuz auf den Teller (auf acht Uhr zwanzig). Ganz wichtig: Messer sollten Sie niemals ablecken. Ebenso wenig sollten Sie den Löffel genussvoll ablecken. Dies gilt übrigens auch für Kaffeelöffel, die Sie nur zum Umrühren verwenden sollten.

Umgang mit Messer und Gabel

Die Beherrschung des Umgangs mit Messer und Gabel gehört zum guten Ton – umso peinlicher, wenn man beim Geschäftsessen Unsicherheiten offenbart.

Verzichten Sie darauf, Aufmerksamkeit dadurch zu erreichen, dass Sie mit dem Besteck an Ihr Glas klopfen. Verschaffen Sie sich die Aufmerksamkeit besser durch lautes Räuspern.

Wie lauten die wichtigsten Regeln im Umgang mit Besteck beim Essen?

Der gute Ton am Telefon
Telefonkompetenz in 50 x 2 Minuten
ISBN 978-3-941574-12-0

Erfolgreich verhandeln
Verhandlungskompetenz in 50 x 2 Minuten
ISBN 978-3-941574-09-0

PR und Öffentlichkeitsarbeit
Medienkompetenz in 50 x 2 Minuten
ISBN 978-3-941574-10-6

Zeitmanagement
Selbstorganisation in 50 x 2 Minuten
ISBN 978-3-941574-11-3

Wirtschaftskrise
Krisenkompetenz in 50 x 2 Minuten
ISBN 978-3-941574-08-3

Bürosprech
Business-Slang in 50 x 2 Minuten
ISBN 978-3-941574-13-7

Sofortwissen kompakt:

Erfolgreich präsentieren
Businesswissen in 50 x 2 Minuten
ISBN 978-3-941574-00-7

Erfolg als Führungskraft
Führungswissen in 50 x 2 Minuten
ISBN 978-3-941574-01-4

Business-Knigge
Etikette in 50 x 2 Minuten
ISBN 978-3-941574-02-1

Small-Talk im Beruf
Businesswissen in 50 x 2 Minuten
ISBN 978-3-941574-03-8

Körpersprache im Beruf
Businesswissen in 50 x 2 Minuten
ISBN 978-3-941574-04-5

Selbstmotivation pur
Motivationsimpulse in 50 x 2 Minuten
ISBN 978-3-941574-05-2

Aufträge akquirieren
Verkaufswissen in 50 x 2 Minuten
ISBN 978-3-941574-06-9

2. Auflage 2009

Sofortwissen kompakt: Business-Knigge
Etikette in 50 x 2 Minuten
ISBN 978-3-941574-02-1

Printed in Germany

Heragon Verlag GmbH
Postfach 1702
D-79017 Freiburg
Internet: www.heragon.de
E-Mail: info@heragon.de

Sofortwissen kompakt

Business-Knigge

Etikette in
50 x 2 Minuten

heragon